D1683797

DIETER ZIMMER
LEIPZIG

DIETER ZIMMER
LEIPZIG
Phönix aus viel Asche

Aus der Reihe:
„Ganz persönlich"
Beschreibungen in Zusammenarbeit
mit dem ZDF
mit 39 Farbfotos von Gerhard Hopf
dokumentarischen Schwarz-Weiß-Fotos
und historischen Postkarten

EULEN VERLAG

Titelseite: Altes Rathaus

Alle Rechte vorbehalten – Printed in Germany
© 1991 EULEN VERLAG Harald Gläser, Freiburg i. Brsg., Wilhelmstraße 18
Reproduktionen: Bär-Repro, Friesenheim
Gesamtherstellung: Freiburger Graphische Betriebe
ISBN 3-89102-230-1

Aus der Reihe „Ganz persönlich" Beschreibungen in Zusammenarbeit mit dem ZDF

Alles war vorbereitet für den Film, die Interviews verabredet, die Drehtermine vereinbart, das Hotel gebucht, sogar ein Vertrag für alles geschlossen – da kam, eine Woche vor Drehbeginn, aus Ost-Berlin ein knappes Telex: In Leipzig bestehe an dem Projekt „kein Interesse". Ohne Begründung, ohne Entschuldigung, nicht mal „hochachtungsvoll" oder ähnlich unterschrieben. So war das damals, zu DDR-Zeiten.

Verhandlungen, Kompromißvorschläge. Ein halbes Jahr später doch noch die Genehmigung für den Film über meine Heimatstadt. Unter den üblichen Umständen: Interviewpartner durften plötzlich nicht, Betriebe waren uns mit einemmal verschlossen, keine Begründung, für nichts. Leipzig sagte, Berlin habe; Berlin sagte, Leipzig habe. Wie es eben so war. Es wurde, denke ich, trotzdem ein guter Film über unsere Stadt. Allerdings hatte die Bezirksleitung der SED so viel daran auszusetzen – „nicht repräsentativ", hieß die Standardformel –, daß ich fortan bis zum Ende der DDR nie wieder für das ZDF in Leipzig drehen durfte.

Das Buch zu dem Film, das ich später mit dem Eulen Verlag machte, stand natürlich in der Deutschen Bücherei im „Giftschrank", nicht zur Ausleihe zugelassen, genau wie „Für'n Groschen Brause" und Tausende Bücher anderer verbotener Autoren.

Irgendwann, dachte ich immer, mache ich nochmal einen Film über Leipzig. Unter anderen Umständen. Und sei es nach meiner Pensionierung, im nächsten Jahrtausend. Keiner hat geahnt, daß die DDR so schnell und widerstandslos zusammenbricht.

Im Jahr zwei nach der Wende also wieder ein Film und ein Buch. Es geht nicht um meine Erinnerungen, die Nostalgie hält sich ohnehin in Grenzen, „mein" Leipzig der vierziger und frühen fünfziger Jahre war keine Idylle. Es geht um die Veränderungen, die Hoffnungen, die Befürchtungen. Es geht darum, was aus der Stadt geworden ist und wieder werden kann. Was Menschen, die ich lange kenne, mit den neuen Verhältnissen anfangen. Manche ältere sind froh, keinen neuen Start mehr wagen zu müssen. Manche jüngere krempeln die Ärmel hoch und wollen die Chance beim Schopf packen. Fast alle leben im Bewußtsein gestohlener Jahre, Jahrzehnte. Manche sind nach der Wende gegangen, andere zurückgekommen nach Leipzig. Für beides gibt es gute Gründe.

Allerdings kann ich mir doch nicht verkneifen, aufs ganze und für die Zukunft – die nähere oder fernere – an meine Heimatstadt zu glauben. Die Jahrzehnte haben viel Asche hinterlassen, aber der Phönix versucht schon zu flattern.

Dieter Zimmer

Mensch, was waren wir stolz auf unsere Stadt, damals! Nun gut, die Älteren sagten, wir hätten Leipzig erstmal zu Friedenszeiten kennenlernen sollen. Ohne die vielen Trümmer. Die Alten lächelten dabei wissend und erzählten sogar von der Kaiserzeit. Aber was ging uns das an? Wir fanden unsere Stadt ganz unvergleichlich. Wenn wir auch dem SED-Blatt „Leipziger Volkszeitung" nichts glaubten, allenfalls die Fußballergebnisse, so stimmten wir doch freudig zu, wenn vom „Welthandelsplatz Leipzig" die Rede war, zweimal im Jahr.

Leipzig, die Messestadt. Seit fast achthundert Jahren. Und da wollten sie nun in den Westzonen, in Hannover, etwas Ähnliches versuchen. Die Armen!

Leipzig, die Buchstadt. Die Verlage, die Deutsche Bücherei. In Frankfurt am Main versuchten sie etwas auf die Beine zu stellen. Sollten sie's ruhig versuchen! Und die paar Verlage, die abgewandert waren, würden wir schon verschmerzen.

Das Hochhaus an der Wintergartenstraße trägt, weit sichtbar, das Symbol der „Mustermesse", die jetzt nach einer Rolle im vereinigten Deutschland sucht.

Der Mendebrunnen vor dem neuen Gewandhaus am Augustusplatz. Das Konzertgebäude gehört zu den herausragenden Bauten der DDR-Zeit, Prunkstücke mitten im allgemeinen Verfall.

Leipzig, die Musikstadt. Gewandhaus, Konservatorium, Thomaner. Bach und Mendelssohn. Wer wollte uns den Rang streitig machen?

Leipzig, die Stadt des Pelzhandels. Der Brühl. Die jüdischen Händler waren vertrieben oder umgebracht, aber die Tradition!

Leipzig, die Sportstadt. Die Deutsche Hochschule für Körperkultur, das Zentralstadion, das aus den Trümmern des Kriegs aufgeschüttet wurde. Die Fußballtradition: vom VfB, dem ersten deutschen Meister, bis zur BSG Chemie, dem DDR-Meister.

Leipzig, die Wiege der deutschen Arbeiterbewegung. Ja, auch das! August Bebel und Karl Liebknecht konnten nicht einfach verantwortlich gemacht werden für Walter Ulbricht und Paul Fröhlich.

Unser Leipzig!

Als es ans Flüchten ging, in der großen Welle Anfang 1953, wäre ich lieber geblieben. Der Steppke aus Leipzig konnte sich nicht vorstellen, anderswo zu Hause zu sein. Außerdem hieß es, die Wiedervereinigung käme sowieso bald, Adenauer versprach es im RIAS.

Sie kam ein paar Jahrzehnte später als damals angekündigt. Und was ist inzwischen aus Leipzig geworden?

Die Messe kämpft darum, irgendwie noch gebraucht zu werden, neben Hannover und Frankfurt und ein paar anderen. Ost-West-Drehscheibe? Da dreht sich erstmal wenig.

Auch die Buchmesse sucht nach einer Daseinsberechtigung neben Frankfurt. Ist es mehr als Rührseligkeit, wenn alte Verlage die alte Tradition zu päppeln versuchen?

Der Markt während der Buchmesse. Welche Rolle soll – kann – sie spielen neben Frankfurt am Main?

Die Musik, das Theater, die Kunst – nicht mehr poliertes Aushängeschild eines maroden Systems. Freier als früher, aber auch nicht mehr so gehegt. Doch um sie ist mir am wenigsten bange.

Der Pelzhandel? Warum sollte er, ausgerechnet, nach Leipzig zurückkehren? Er ist ja nicht freiwillig gegangen.

Der Fußball? Naja.

Die Arbeiterbewegung? Erich Loest hat es mal so gesagt: „Vielleicht gibt es in fünfzig oder hundert Jahren einen neuen Versuch mit dem Sozialismus, aber bitte nur in den reichsten Ländern der Erde!"

Manche in Leipzig sagen, nach 1989 sei es schlimmer als nach 1945. Das kann man, denke ich, nur sagen, wenn man nach 1945 noch nicht dabei war.

Ein anderer Vergleich: Als 1953 Hunderttausende aus der „Zone", darunter Tausende aus Leipzig, in den Westen flüchteten, rieben sie sich dort die Augen, wie gut es „denen" schon wieder ging. Es waren doch gerade erst fünf Jahre seit der Währungsreform, dem Startschuß des „Wirtschaftswunders". Fünf Jahre.

Die Gemüter waren in Aufruhr, als der Leipziger Künstler Max Klinger den großen Beethoven so respektlos darstellte.

Unser Bäcker um die Ecke. Sein Geschäft überlebte – privat.

Im Advent wurde die Christstolle nach alter Art gebacken. Die Zutaten, die uns damals, nach dem Krieg, die Westverwandten schicken mußten, brachten wir zu Bäckermeister Nerlich, gleich um die Ecke in der Stallbaumstraße. Er walkte den Teig, formte die Laibe, steckte, ehe er sie in den Ofen schob, in jeden ein Holzschildchen mit unserem Namen. Zur verabredeten Zeit kamen wir, um mit Butter zu bepinseln und mit Puderzucker zu bestreuen. Der Bäckerjunge balancierte das Brett mit den Stollen auf dem Kopf zu uns nach Hause.

Wir und viele andere aus dem Viertel sind irgendwann „weggemacht" in den Westen. Wenn wir zu Besuch kamen, kauften wir bei Nerlich ein Schweinsohr oder ein Stück Streuselkuchen und fragten, ob's denn überhaupt noch ginge, so als Privater in der DDR. Es ginge so, sagte Nerlich, wenn es auch Probleme gebe mit der Belieferung und mit Reparaturen. Der Sohn übernahm dann die Bäckerei und sagte auch, es ginge so.

Jetzt ist die DDR weg und die Bäckerei Nerlich noch da.

Alt und Neu in häßlicher Eintracht: „ausgewohnte" und abgerissene Häuser in Gohlis, „wilder" Autohandel.

Als wir 1948 in die Gohliser Pölitzstraße zogen, war sie noch halbwegs in Schuß. Bis auf die Häuser Nr. 1 bis 7 und 19, das waren Ruinen, abenteuerliche Spielplätze für uns Jungen. Ansonsten: Jahrhundertwende-Häuser, Vorgartenzäune, Kopfsteinpflaster, Gaslaternen. Ein paar Autos pro Tag, sie störten uns kaum beim Fußballspielen, beim „Knöcheln", wie wir es nannten.

Außer Bäcker Nerlich gab es noch eine ganze Reihe von Geschäften, zum Beispiel den Drogisten Fröhde Ecke Möckernsche oder das Milchgeschäft Ecke Breitenfelder. Auf dem Weg zur „Roten Schule" (das bezog sich auf die Backsteine) kam man an der „Gohliser Actien-Bierbrauerei" vorbei, die noch dampfend braute. Gegenüber der Schule ein Lokal, wo wir manchmal eine Limonade tranken, selbst beeindruckt von unserem frivolen „Kneipenbesuch". Zwei Straßenecken weiter, in der Elsbethstraße, unser Stammkino, wo wir den DEFA-Film „Eins – zwei – drei, Corona" bewunderten und den „Panzerkreuzer Potemkin" nicht kapierten. Eben ein Russenfilm! Das Kino nannte sich hochtrabend „Gohliser Lichtspiel-Palast". Das also war unser Viertel.

„Unser" Haus in der Gohliser Pölitzstraße. (Es gehörte und gehört uns aber nicht.) Nach fünfzig Jahren Verfall renoviert!

Die Pölitzstraße heute verändert sich. Baugerüste! Sowas hat man jahrzehntelang nicht gesehen. Ein paar der Häuser gehören noch den Erben, die längst im Westen wohnen. Jetzt sind sie froh, durchgehalten zu haben. Aber die Mieter zittern vor den Mieterhöhungen. Doch wichtig scheint im Moment, daß die Häuser, durchgenäßt vom Dach an abwärts, doch noch gerettet werden.

Die Gaslaternen, das ist aber eine Nebensächlichkeit, sind als Antiquitäten gegen Devisen in den Westen verscherbelt worden. (Ich habe übrigens auch eine und gebe sie nicht wieder her.) Wenn mal nichts Wichtiges mehr zu tun ist, wird man, da bin ich sicher, die „modernen Peitschenleuchten" auswechseln gegen neu geschaffene alte Laternen.

Geschäfte tun sich auf in Läden, deren Scheiben jahrelang verstaubt waren. Initiative! (Erinnert man sich noch, was das Wort früher bedeutete? Wenn der Hausbeauftragte weisungsgemäß ankündigte: *„Mir machen ene Iniative!"*) Viele Leipziger mit Mut machen jetzt etwas. Die Actien-Bierbrauerei ist stillgelegt, aber mit ihren alten Mauern haben Planer etwas vor. Bürgerzentrum! Ob es wird, wird sich zeigen, aber erstmal Initiative!

Die paar Blocks zwischen unserer Roten Schule und unserem „Lichtspielpalast", der zuletzt nur noch eine malerische Ruine war, soll das neue Geschäftszentrum von Gohlis werden. Die erste Baugrube tat sich schon im Nach-Wende-Jahr auf. Es geht los!

Da fragt man sich nur: Warum nicht früher? Warum schaffte es das großmäulige SED-System in vierzig Jahren nur, daß die Dächer durchfaulten und die Schaufensterscheiben verstaubten?

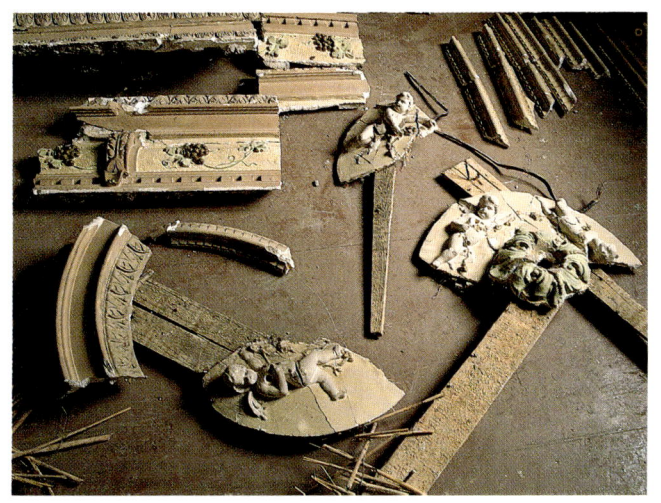

„Unsere" Wohnung war mal „großbürgerlich", dann heruntergekommen, nun ist sie wieder, wie sie war.

„Cajeri" ist nicht berühmt, verglichen mit dem „Kaffeebaum" oder mit „Auerbachs Keller" oder dem „Thüringer Hof". Aber das alte Gohliser Lokal in der Menckestraße hat Tradition und mit Sicherheit den merkwürdigsten Namen in Leipzig: Cajeris Gosenstube „Ohne Bedenken". In meiner Sammlung alter Leipziger Ansichtspostkarten aus der Zeit vor dem Ersten Weltkrieg ist „Cajeri" mehrfach vertreten, das altertümlich-gediegene Interieur meistens in Verbindung mit einem der typischen langhalsigen, dickbauchigen Gläser für die Gose, die alte Leipziger Bierspezialität.

Für lange DDR-Jahre war das urgemütliche Lokal geschlossen, die Räume beherbergten eine Heißmangel. Man schuf statt dessen „gastronomische Einrichtungen", deren Charakter genau dieser Bezeichnung entsprach.

„Der Kaffeebaum" – oder „Zum Coffe Baum" – war Leipzigs berühmtes Künstlerlokal. Die DDR ließ wenig übrig von der Kneipenszene der Stadt.

Noch zu DDR-Zeiten machte sich ein mutiger Privater auf, das alte „Cajeri" neu zu beleben. Zwar konnte ihm die volkseigene Braukultur trotz Versprechungen schon bald keine Gose mehr liefern, aber das Lokal lebte. Man trank eben hauptstädtisch, Berliner Weiße mit den verschiedensten Arten von Schuß. Die Atmosphäre war schön, die Bedienung freundlich, das Essen gut. „Cajeri" war sozusagen ein Vorläufer dessen, was sich nach der Wende wieder einrichten sollte: Lokale für die Leute.

Als alter Gohliser sitze ich nun, sooft ich in Leipzig bin, bei „Cajeri" in der Menckestraße.

Schon vor der Wende wagte ein Privater, eine alte Gohliser Lokaltradition wiederzubeleben.

„Die Baumwolle" ist einer von Dutzenden Leipziger Großbetrieben, die nach Wende und Vereinigung den rauhen Wind des Wettbewerbs zu spüren bekamen und ums Überleben zu kämpfen hatten. Es reichte nicht, für Qualitätsarbeit ausgezeichnet zu sein. Es funktionierte nicht mehr, zu Dumpingpreisen in den Westen zu liefern, um Devisen ins Land zu holen. Und die Märkte im Osten waren plötzlich ausgetrocknet, seitdem D-Mark verlangt wurde.

Die Leipziger Baumwollspinnerei interessiert mich aus persönlichen Gründen, denn im Jahr 1909 wurde hier mein Großvater technischer Direktor und blieb es bis zur Pensionierung kurz nach dem Zweiten Weltkrieg. In der riesigen Werkswohnung mit Blick in den Fabrikhof wuchsen mein Vater und seine Brüder auf, später zeitweise auch ich. Die Bäume im später verwilderten Garten pflanzte meine Großmutter an. Deswegen also „die Baumwolle".

Der Direktor hieß vor der Wende Betriebsleiter, ist aber noch derselbe. Zu DDR-Zeiten durfte er mir nichts über die damaligen Probleme sagen, über die heutigen redet er jetzt offen. Zu wenige Aufträge für zu viele Leute. Die Hälfte der Mitarbeiter (früher: Werktätigen) mußte entlassen werden, die restlichen siebenhundert werden wohl auch nicht alle bleiben können. Die Treuhand sucht einen Partner im Westen. Aufträge muß der Betrieb jetzt erstmals selbst suchen, erste Erfolge stellen sich ein. Aber es weht ein verdammt rauher Wind!

Ich weiß, trotz aller Sonntagsreden hat die westliche Wirtschaft im wesentlichen drei Interessen: erstens einen neuen Markt erobern, zweitens unliebsame Konkurrenz in die Knie zwingen, drittens aus der Konkursmasse den einen oder anderen Betrieb billig erwerben. So geht Kapitalismus!

Der Direktor würde einem Journalisten gegenüber sowas vermutlich nicht sagen. Aber von ein paar ersten Erfahrungen redet er, ohne gleich Namen zu nennen. Von den Tricks und den harten Bandagen, mit denen versucht wird, den Betrieb aus Leipzig mit seinen Produkten im Westen nicht Fuß fassen zu lassen.

Und die Bürokratie! Da hat man sich rasch ans Erdgasnetz angeschlossen, weil's wirtschaftlicher und vor allem umweltschonender ist als die Braunkohle. Seither wird vergebens nach dem Topf gesucht, aus dem diese von allen Seiten empfohlene Investition bezuschußt werden sollte. Hoffentlich nur Anfangsprobleme!

Der Besuch in der „Baumwolle" ist zwiespältig. Skepsis und Hoffnung. Schaffen sie es, oder gehören sie zu den vielen ohne Chance? Gut, daß der Großvater es nicht mehr erlebt.

„Die Baumwolle"
nannten und nennen
die Leute die Fabrik,
wo der Großvater
mal der Technik vor-
stand.

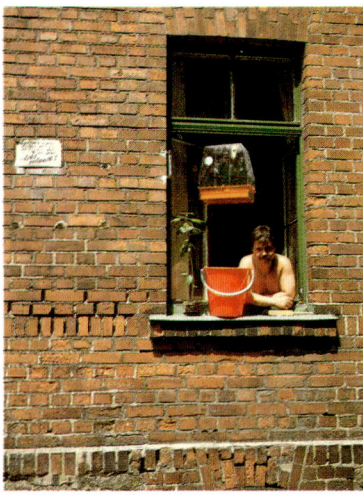

Plagwitz – ein typischer Vorort aus der Zeit, als Leipzig aus allen Nähten platzte und Deutschlands Industriestadt Nr. 1 wurde.

Die Philippuskirche kennt kaum jemand. Sie steht im Westen Leipzigs, auf der Grenze der beiden Industrievororte Lindenau und Plagwitz. Daß ich sie mir vor Jahren eines Tages anschaute, hatte nur damit zu tun, daß mir die Konfirmationsurkunde meines Vaters in die Hände gefallen war: Philippuskirche.

Der Pfarrer, ziemlich jung noch, schloß mir auf. Er zeigte mir einen großen und überraschend schönen Kirchenraum. Früher Jugendstil. Dunkles Holz. Ein ganz modernes Konzept einer Kirche damals, erklärte mir der Pfarrer: der Altar und die Kanzel im Halbkreis von den Bänken umschlossen, der Pfarrer mitten in seiner Gemeinde, nicht mehr vis-à-vis. Nur eine Handvoll solcher Kirchen sei damals in Deutschland entstanden, eine in Wiesbaden fällt ihm ein.

Die Philippuskirche gehörte eigentlich unter Denkmalschutz. Statt dessen ist sie abgeschlossen. Wegen Baufälligkeit nicht mehr in Benutzung. Gottesdienste wären zu gefährlich, Putz fällt von der Decke. Es kamen sowieso kaum noch Gläubige, hier draußen, mitten in der Arbeitergegend. Die paar alten Leute gehen nun eben in die Nachbargemeinde.

Was es kosten würde, die Kirche herzurichten? O Gott! Zu viel. Man hatte schon mal überschlägig gerechnet, zu DDR-Zeiten, kam auf zwei Millionen für das Allernötigste. Aber es gab ja sowieso kein Material und keine Kapazitäten in der volkseigenen Bauwirtschaft. Alles gäbe es heute, aber immer noch kein Geld. Außerdem, sagt der Pfarrer, ist Wichtigeres zu tun.

Er schließt ab. Bis vielleicht jemand anderes kommt, der mal kurz hineinschauen will.

Eines der vielen Opfer von vierzig Jahren Stillstand und Verfall: die Philippuskirche.

In einem Punkt lassen wir nicht mit uns handeln: Unser Altes Rathaus ist das schönste.

Als es nach dem Krieg als erstes historisches Gebäude der Stadt wieder aufgebaut war, stand ich als Kind etwas ratlos davor: Hatten sie doch durch irgendeinen Fehler den Turm nicht in die Mitte gesetzt! Ich war nicht leicht davon zu überzeugen, daß der Baumeister, ein gewisser Lotter, sich etwas dabei gedacht hatte, kein symmetrisches Rathaus zu bauen, wie sie es anderswo hatten. Inzwischen weiß ich Bescheid.

Rings um den Marktplatz wurde ganz gute Arbeit getan. Historische Fassaden wurden restauriert, die Alte Waage wieder aufgebaut, an Barthels Hof allerdings endlose Jahre mit wenig Erfolg gebastelt. Nur genau gegenüber dem Alten Rathaus wurde 1965 ein Unding eingeweiht, das neue Messeamt, in Stahlbeton-Skelett-Montagebauweise. Schon diese Vokabel läßt erkennen, daß der Bau in seine Umgebung paßt wie die Faust aufs Auge. In einem Film sagte ich mal über das Messeamt: „Da steht es nun, fehl am Platz und hoffentlich nicht für die Ewigkeit." Das trug dazu bei, daß ich fortan in Leipzig keine Filme mehr machen durfte, solange die DDR war.

Es gibt einige weitere Bauten aus der DDR-Zeit, die empfindlich stören. Einfach hineingeschmissen in das harmonische Ensemble, das hier einmal war. Vom Hotel „Stadt Leipzig" über „VEB Brühlpelz", das Kaufhaus „Konsument" und die ehemalige Stasizentrale erreicht die Kette der Geschmacklosigkeiten im wahrsten Sinn ihren Höhepunkt mit dem „steilen Zahn" der Universität. Ulbricht wollte es so haben in seiner Heimatstadt, sein Stararchitekt Henselmann, der sich wohl als die Speerspitze des sozialistischen Städtebaus begriff, pflanzte den unsäglichen Turm in die alte Innenstadt.

Diese Innenstadt ist ja keineswegs ein stilistisch geschlossenes Ensemble. Im Gegenteil. Von der Gotik bis in unser Jahrhundert ist alles vertreten, was einmal als der letzte Schrei galt. Aber die Baumeister haben fast alle das Augenmaß dafür bewahrt, was hier paßte und was die Dimensionen gesprengt hätte. Selbst Hugo Lichts bombastisches Neues Rathaus ist an der Stelle, wo es steht, verträglich. Der Ulbricht-Ära blieb es vorbehalten, jedes Maß und jeden guten Geschmack zu ignorieren.

Damit wir nicht ungerecht sind: Auch in westdeutschen Städten hat Unverstand und Größenwahn gewütet, hat Gewinnstreben nicht weniger Kultur verwüstet als in der DDR das Geltungsbedürfnis von Parteibonzen. Und die Leipziger Universität auf den Trümmern der Paulinerkirche war ein letzter Exzeß kultureller Barbarei. Außerdem wird die Stadt Leipzig viel Weisheit benötigen, um den nächsten Sturm auf ihre Innenstadt abzuwehren, den der Spekulanten und Geschäftemacher.

Unser Altes Rathaus
– welcher Leipziger
würde es nicht nennen, wenn man ihn
nach dem beliebtesten Bau der Stadt
fragte?

Der Tod einer Kirche, heimlich festgehalten von der Fotografin Karin Wieckhorst.

Die Paulinerkirche! – Erich Loest ist berufener, über dieses Thema zu schreiben – er hat es getan und wird es wieder tun. Er hat mit angesehen, wie die im Krieg unversehrte gotische Pauliner- oder Universitätskirche 1968 gesprengt wurde, damit Ulbricht und Fröhlich ihr „sozialistisches Stadtzentrum" bauen konnten. Ein paar Männer opponierten damals – erfolglos – dagegen, zum Beispiel der Denkmalschützer Prof. Nadler oder der Kulturminister Bentzien. Von den Leipziger „Volksvertretern" wagte nur einer, Pfarrer Rausch, gegen die Kirchensprengung zu stimmen. Die Untat war nicht zu verhindern, aber einige hätten es sich leisten können, dagegen zu reden.

Den Verantwortlichen war die durchgepaukte Barbarei selbst nicht mehr geheuer. Sie schweigen sie fortan tot. In Büchern über Leipziger Architekturgeschichte, auch in den ausführlichsten, waren Darstellungen des Augustusplatzes stets so beschnitten, daß die Kirche nicht zu sehen war.

Der Kern des „sozialistischen Stadtzentrums" sollte die Karl-Marx-Universität sein – auf den Trümmern der Paulinerkirche.

Erste Stimmen verlangten bald nach der Wende den Wiederaufbau der Kirche. Schließlich soll auch die Dresdner Frauenkirche wieder erstehen, und wer weiß, was mit dem Berliner Stadtschloß noch geschieht? In Leipzig müßte das ganze Ensemble der weiland Karl-Marx-Universität weichen. Nicht daß es kulturgeschichtlich schade darum wäre, aber wohin mit den Studenten und den Büchern?
   Fürs erste, denke ich, können wir nur das Andenken der Paulinerkirche bewahren.

Unser „Hochhaus" nannten wir diesen heute bescheiden wirkenden Bau am Augustusplatz. Die Glockenmänner haben ihr Vorbild in Venedig.

Leipzig, so lautet das glaubhafte Gerücht, sollte zum 70. Todestag des geistigen Vaters der Weltrevolution 1953 umbenannt werden in „Karl-Marx-Stadt". Davon sei abgelassen worden aus der Einsicht, vor allem in der westlichen Welt könne man schlecht werben für den Besuch der „Karl-Marx-Städter Messe". Vielleicht, aber das ist nun reine Spekulation, dachte auch der führende Leipziger jener Jahre in seiner Weisheit voraus, wie das eines Tages klingen werde: „Walter-Ulbricht-Stadt Karl-Marx-Stadt".

Der Kelch ging vorüber und ergoß sich bekanntlich über eine andere „rote" sächsische Stadt.

Die Leipziger Universität mußte allerdings daran glauben und den Namen des großen Bärtigen tragen, bis zur Wende. Dann aber mußte Marx auch seinen schönen Platz zurückgeben an Augustus, den Sachsenkönig. (Wie hatte es früher so nett geklungen, wenn die Schaffnerin ausrief: „*Gormorgsblotz!*")

So eine Zeit der Rückbenennungen droht immer in eine Zeit der Bilderstürmerei zu entgleiten. Sicher braucht man nicht mehr, zum Beispiel, eine „Straße der DSF", weil an die Stelle der massenorganisierten, aber mißlungenen Freundschaft mit der Sowjetunion hoffentlich ein neues Verhältnis zwischen den Völkern tritt. Aber warum soll nicht der ehrenwerte Sozialdemokrat August Bebel seine Straße behalten? Oder Rosa Luxemburg? Oder der Leipziger Karl Liebknecht?

Damals, nach dem Krieg, hatte der Leipziger Volksmund eine Lösung, wie man allen gerecht werden könne. Zum Beispiel hätte man die Südstraße alias Adolf-Hitler-Straße alias Karl-Liebknecht-Straße dauerhaft benennen sollen: „Adolf-Südknecht-Straße".

Bauen ohne jedes Maß. Der „steile Zahn" der Universität. Der alte Mägdebrunnen.

Das kann fast jeder Leipziger zitieren und auch so mancher Gast: „Mein Leipzig lob ich mir! Es ist ein Klein-Paris und bildet seine Leute." Goethe, Faust, erster Teil.

Als der Student Johann Wolfgang Leipzig kennenlernte, in der zweiten Hälfte des 18. Jahrhunderts, galt die Stadt zumindest als geistiger Mittelpunkt Deutschlands. Seine Universität, seine Gelehrten, seine Verleger, sein Theater. Dem Studenten fiel auf, wie er später in „Dichtung und Wahrheit" schrieb, daß Leipzig seiner Vaterstadt Frankfurt am Main glich. Und tatsächlich gibt es unter den großen deutschen Städten kaum zwei, die sich so ähnlich sind wie Leipzig und Frankfurt. Bis heute, darf einer sagen, der in beiden gelebt hat.

Die vielen Passagen der Innenstadt erinnern an die Tradition der Durchgangshöfe, wo jahrhundertelang Messe gehalten wurde. In der „Mädler-Passage" die Figuren aus Goethes „Faust" am Eingang von „Auerbachs Keller".

Sie haben ähnliche Traditionen, sind Städte des Handels. Vor allem aber Städte freien Geistes. Doch, es prägt eine Stadt ungemein, wenn sie nie die Residenz eines Fürsten oder Bischofs war, wenn sie immer die Stadt ihrer Bürger war. So ist Leipzig auch in seinem Charakter ganz und gar nicht mit seiner sächsischen Konkurrentin Dresden zu vergleichen. Die Leipziger vertrauen darauf, daß, wie früher, in Dresden die Regierung sitzt und in Leipzig die Musik spielt.

„Brühl" heißt soviel wie Sumpf. Die Straße im Norden der Innenstadt war also nicht die beste Gegend des alten Leipzig. Berühmt wurde sie trotzdem: als eines der Zentren des Pelzhandels in der Welt.

Wir Jüngeren oder noch nicht ganz so Alten haben nicht mehr miterlebt, wie rund um den Brühl die Pelzhändler unter freiem Himmel ihre Geschäfte mit Handschlag abschlossen. Die meisten waren Juden, und wenn sie Glück hatten, konnten sie beizeiten emigrieren. Viele landeten in New York. Dort kann man heute noch einen Hauch von Brühl spüren, auf offener Straße, mit Handschlag – und auf Sächsisch! Dabei sind die meisten zu jung, als daß sie den Brühl noch gekannt hätten.

Der Brühl ist heute eine der unansehnlichsten Straßen der Innenstadt. Vom Krieg verwüstet, konfus wiederaufgebaut. Nichts paßt zueinander. Das schöne barocke Romanushaus an der Ecke Katharinenstraße wirkt hier wie ein Fremdkörper. Es paßt geradezu ins Bild, daß die Straßenbahn, die seit Jahrzehnten nicht mehr durch den Brühl fährt, ihre mit Asphalt zugeschmierten Schienen hinterlassen hat.

Aber es wird neues Leben in den Brühl einkehren. Denn der „Sumpf" hat eine ideale Geschäftslage, ein paar Schritte vom Hauptbahnhof, ein paar Schritte vom Markt. Es ist absehbar, wie es hier „boomen" wird. Aber „der Brühl" ist eine historische Reminiszenz.

Ein paar Fassaden, ein paar Händler sind geblieben vom internationalen Pelzhandelsplatz Leipzig.

Im Hotel „Merkur" wohnte ich zu DDR-Zeiten immer mit einem schlechten Gefühl. Es war ein „Devisenhotel" für Gäste mit harter Währung. DDR-Bürger wurden hochmütig von der Schwelle gewiesen, für den „Intershop" gab es einen separaten Eingang. Das Ganze hatte den Anstrich von Apartheid.

Wenn ich dennoch gern dort wohnte, dann wegen der Sicht aus den oberen Stockwerken. Denn von dort, nach Norden hinaus, konnte ich mit einem Blick erfassen, wo ich geboren und aufgewachsen, in die Schule und den Kindergottesdienst gegangen war, im Rosental Tomaten gegossen und im HO Schlange gestanden, in den Straßen von Gohlis Fußball gespielt und Tauchscher gefeiert hatte. (Tauchscher – oder Tauchschen – kennen Leipziger Kinder nicht mehr, jenes allsommerliche Fest, bei dem wir uns erstens verkleideten und zweitens verprügelten.) Wegen der Aussicht auf die frühen Jahre also das „Merkur".

Das „Merkur" und ein paar andere Hotels in der DDR sollten „Weltniveau" demonstrieren – für Gäste mit harter Währung.

Der normale Gast wußte – und weiß – auch nicht, in welcher Gegend der Stadt er da komfortabel nächtigt. Hier war einmal das Judenviertel. Genauer gesagt: das Viertel der ärmeren Juden. Ihre Synagoge steht noch, als einzige in Leipzig; sie ist in einen Häuserblock hineingebaut, der, hätte man sie angezündet, mit abgebrannt wäre.

Neben dem Parkplatz des Hotels ein weiterer Ort des Gedenkens an die Leipziger Juden: Ins gemauerte Bett des Flüßchens Parthe wurden damals die Bewohner des Viertels von der SS getrieben. Man mußte nun bloß die paar Aufgänge zur Straße bewachen, und keiner konnte der Deportation entgehen.

Die Hotelgäste haben das, wie gesagt, nie erfahren. Eher sprach sich herum, daß nach der Wende das horizontale Gewerbe wieder Einzug hielt in diese Gegend beim „Merkur".

Leipzigs einzige unzerstörte Synagoge – und das Gedenken an die Juden, die von dieser Stelle aus deportiert wurden.

Die erste deutsche Eisenbahn fuhr 1835 von Nürnberg nach Fürth. Aber was heißt dort „Eisenbahn"? Nürnberg – Fürth ist so ähnlich wie die Straßenbahn von Leipzig nach Schkeuditz. Nein, die erste richtige Eisenbahn verkehrte natürlich 1839 von Leipzig nach Dresden. Nicht weit vom Hauptbahnhof, am Schwanenteich, erinnert ein wenig beachtetes Denkmal an Friedrich List, der damals so unermüdlich für ein deutsches Eisenbahnnetz mit Leipzig als Mittelpunkt kämpfte.

Dem Hauptbahnhof gehört die fast ungeteilte Sympathie der Leipziger – anders als zum Beispiel dem Völkerschlachtdenkmal, das viele grauenhaft geschmacklos finden. 1915 wurde der Bahnhof eingeweiht, schon dreißig Jahre danach hatte er den Tiefpunkt seiner Geschichte: die Westhalle und der Querbahnsteig in Trümmern, die Fronturlauber- und Lazarettzüge abgelöst von den Flüchtlings-, Heimkehrer- und Hamstererzügen. Nur wenn zweimal im Jahr Messe war, vermittelte er uns einen Hauch von großer weiter Welt.

Endlich wird er restauriert: der Bayerische Bahnhof, einer der ältesten in Europa.

Dann leisteten wir uns sogar eine Bahnsteigkarte für 20 Pfennig, um die Sonderzüge aus dem Westen einlaufen zu sehen. (20 Pfennig war immerhin der Lohn, den ich für eine Eins in einer Klassenarbeit zu Hause abkassierte.) Das Jahr über versank der Bahnhof aber in Provinzialität.

Das wird nun anders. Mit der deutschen Vereinigung und dem Zusammenwachsen Europas lebt die alte Rolle auf. Wie auch der rührende Provinzflugplatz in Schkeuditz ein richtiger Airport wird. Wie auch die Ausfallstraßen und Zubringer zu den Autobahnen ihren Charme der 20er Jahre ablegen werden.

Man fragt sich wieder und wieder, warum jahrzehntelang nichts gelang, als Stillstand und Rückgang vollmundig als Fortschritt auszugeben.

Jahrzehntelang mehrere Nummern zu groß: der Hauptbahnhof. Er hat wieder Zukunft.

Steingewordener nationaler Rausch von 1913: das Völkerschlachtdenkmal, eingeweiht am 100. Jahrestag des Sieges über Napoleon.

Nicht weit vom Völkerschlachtdenkmal, vorbei an Dösen, dem Bezirkskrankenhaus für Psychiatrie, das noch so aussieht wie vor dem Ersten Weltkrieg, kommt man an einen der eindrucksvollsten Punkte der Umgebung Leipzigs.

Die alte Fernstraße nach Chemnitz ist stillgelegt. Sie endet abrupt an einer Schranke. Dahinter stürzt die Landschaft in eine tiefe Grube. Müll ist hineingeworfen worden, Trabbis entsorgt. Bis zum Horizont zerwühlte Erde. Ein ausgekohlter Tagebau. Eine Landschaft wie ausgequetscht und weggeschmissen. Nicht, daß es im rheinischen Braunkohlerevier keine Probleme mit der Rekultivierung gäbe. Aber so brutal verschandelt wie die Umgebung Leipzigs ist, von der Niederlausitz abgesehen, kein deutscher Landstrich. Schon früher zeichnete sich der Nordwestzipfel Sachsens nicht durch besonderen Liebreiz aus. Aber immerhin konnte man, wo jetzt die Schranke einen

Absturz verhindert, ein Stück weit ins Grüne fahren, an einen Fluß, der noch nicht stank, zu einem Gasthof, der noch eine Küche hatte.

Eine Landschaft ist unwiderruflich ruiniert. Und es wäre in diesem Maße nicht nötig gewesen, allein schon, wenn die DDR nicht aufgrund ihrer technologischen Steinzeitmäßigkeit so geaast hätte mit der Energie. Nun ist die Vernichtung gebremst.
Zu spät? Gerade noch rechtzeitig?

Eher zu spät.

„Landschaft" am Südrand von Leipzig.

Im ehemaligen „Giftschrank" der Deutschen Bücherei: einer von Tausenden Autoren.

In der Deutschen Bücherei, die seit dem Ersten Weltkrieg alles aufbewahrt, was in deutscher Sprache gedruckt wurde, gab es immer einen „Giftschrank". In der Weimarer Republik war darin erotische Literatur verriegelt.

Im Dritten Reich viele ehrenwerte Autoren, Becher und Brecht, Feuchtwanger und Remarque, Ossietzky und Tucholsky, die Brüder Mann, die Brüder Zweig, ungezählte andere.

Zu DDR-Zeiten wieder andere. Rund 50 000 Titel bis zur Wende 1989. Darunter Leipziger Autoren wie Werner Heiduczek und Erich Loest und Gerhard Zwerenz. Und, welche Ehre, auch Dieter Zimmer: „Für'n Groschen Brause".

Die Leipziger Kindheitsgeschichte aus den frühen Jahren der Zone war offensichtlich zu brisant, weil sich auf so vielen Gebieten bis in die späten Jahre der Republik nichts zum Besseren gewendet hatte: Versorgungsmängel, Verfall, linientreue Lügen in der Schule. Das verbotene Buch kam auf Schleichwegen vieltausendfach nach Leipzig, heute darf die Deutsche Bücherei es auch ausleihen.

Die Deutsche Bücherei, eine der großen Bauten aus der Blütezeit der Stadt bis zum Ersten Weltkrieg.

Günter Busch war das Idol von uns Leipziger Fußballanhängern, der Sonntag im Georg-Schwarz-Sportpark ein absolutes Muß.

Für uns Leipziger Fußballanhänger (das Wort „Fan" kannten wir noch nicht) war damals wohl der größte Tag, als im Georg-Schwarz-Sportpark „Chemie" mit 6:0 gegen den Favoriten Turbine Halle gewann. Selbst der berühmte Hallenser Mittelläufer Otto Knefler, Jahrzehnte später Trainer unter anderem bei Eintracht Frankfurt, konnte das Debakel nicht aufhalten. Idol für uns fußballverrückte Leipziger Jungen war damals, Anfang der fünfziger, Chemie-Torwart Günter Busch. Heute sitzen wir manchmal zusammen und räkeln uns in der Erinnerung an das 6:0.

Warum ist einer wie er, Idealbild der „neuen Gesellschaft", nicht eine große Nummer geworden in der DDR? Funktionär, Trainer? Ich nehme ihm die einfache Erklärung ab, das sei eben nicht sein Staat gewesen. Und in den Westen? Es gab ja Angebote damals, auch finanziell interessante, obwohl offiziell nur ein paar Mark gezahlt werden durften. Nein, wenn man so ein richtiger Leipziger ist ... Günter Busch, Ingenieur, hat sich vorzeitig in Rente geschickt. Kein neuer Anfang mehr nach der Wende, nur noch ein bißchen Freude am Leben.

Die kann einem allerdings vergehen, wenn man sich den Leipziger Fußball ansieht! Die Erste Bundesliga beim Start in die Gemeinsamkeit verpaßt, die Zweite mit Hängen und Würgen geschafft. Da hilft es uns überhaupt nichts, daß der VfB im Jahre 1903 ...

Fußball ist ja nicht das Leben. Er könnte nur das Leben etwas erträglicher machen, wenn alles andere schwer genug ist.

Der Kabarettist Bernd-Lutz Lange spielte eine wichtige Rolle bei der Wende.

Zu DDR-Zeiten war ein Besuch in der „Pfeffermühle" oder bei den „Akademixern" subtil aufregend: Was dürfen sie sagen, und wie reagiert das Publikum? (Im Westen, wo man alles sagen durfte, reagierte das Publikum manchmal gar nicht.) X-mal versuchten wir, mit der Fernsehkamera dabeizusein, immer vergebens. Kabarett im Sozialismus sollte das wohlberechnete Ventil für den Ärger weniger sein.

Bernd-Lutz Lange, wenn er auch aus Zwickau stammt, ist einer der bekanntesten Leipziger Kabarettisten. Darüber hinaus ein mutiger Mensch, der seinen Anteil daran hat, daß die Wende in Leipzig und von Leipzig aus so rasch und vor allem unblutig vonstatten ging. Mit fünf anderen, darunter dem Gewandhauskapellmeister Kurt Masur, erließ er im Oktober 1989 den inzwischen historischen Aufruf zur Gewaltlosigkeit auf beiden Seiten.

Auch ihm schwebte damals nicht vor, daß die DDR so schnell wie möglich und in Bausch und Bogen über Bord geworfen würde. Auch er wollte erstmal die DDR reformieren und nicht alles für die D-Mark verkaufen. Doch über die Initiatoren der Wende und ihre kritischen Bedenken ist die Geschichte wie eine Dampfwalze hinweggegangen. In Jahren werden wir – vielleicht – wissen, ob sie recht hatten.

Für den Kabarettisten ist die Lage nicht so schlecht wie befürchtet. Er lebt ja geistig, letzten Endes auch materiell, von den Zweifeln.

Für Zweifel ist in Leipzig auch nach der Wende Anlaß.

37

Die Thomaner: seit fast 800 Jahren singt der Chor in der Thomaskirche. Das Ende der DDR brachte auch hier Unruhe und Verwerfungen.

Der Thomaskantor mußte zurücktreten.

Nach dem Zusammenbruch der DDR wurde von den demokratischen Kräften so aufgeräumt, wie man es sich in Westdeutschland nach dem Zusammenbruch des Dritten Reichs gewünscht hätte. Allerdings, auch diesmal werden so manche der inzwischen sprichwörtlichen Seilschaften in ihren Funktionen belassen, weil sie sich eben so gut auskennen und manchmal zu viel wissen.

Aber der Thomaskantor mußte gehen. Demokratisch einwandfrei. Die Stadtverordnetenversammlung hielt sich an ihren Grundsatzbeschluß, einen jeden – auch aus den eigenen Reihen – hinauszuwerfen, der sich in der DDR belastet hatte. Und der Thomaskantor hatte. Seine Kontakte und Gespräche mit der Staatssicherheit, hieß es, seien über das hinausgegangen, was für den Leiter einer staatlichen kulturellen Einrichtung notwendig und unumgänglich gewesen wäre.

Hans-Joachim Rotzsch saß manchmal an der Orgel der Friedenskirche, wenn wir Kindergottesdienst hatten. Dreißig Jahre später traf ich ihn als Thomaskantor wieder. Besuchte ihn in der Kirche, in der Schule, zu Hause. Er war, sagen auch Fachleute, ein hervorragender Kantor dieses bald achthundert Jahre alten Chors. Er ist, sagen seine Schüler und deren Eltern, eine absolut integre Persönlichkeit, hat nie irgend jemandem wissentlich geschadet, nie irgendeinen in Schwierigkeiten gebracht. Er hat, sagen sie, in guter Absicht vielleicht des Schlechten zuviel getan. Für mich ist er eine der lautersten Persönlichkeiten der Stadt.

Wenn ich da an die rasch erwachten nachträglichen Revolutionäre denke! Die noch bis zuletzt ihre Kirchen demonstrantenfrei hielten und sich dann als Erfinder der Wende aufspielten. „Wo gehobelt wird, fallen Späne" – dieses Sprichwort ist leider viel zu lächerlich für die Verwerfungen dieses Umbruchs.

Das „kleine" Bach-
denkmal nahe der
Thomaskirche stiftete
Felix Mendelssohn-
Bartholdy.

Die Thomaskirche,
wo Luther predigte
und Bach wirkte.

Ein Jahr vor der Revolution saßen wir mit Leipziger Freunden zusammen, die gelegentlich Aktionen machten, die Staatssicherheit provozierten, Unbotmäßigkeiten organisierten. Keine Umsturzversuche, um Gottes willen, nur die Signale einer kleinen Minderheit: Wir sind nicht nur, wie fast alle, dagegen – wir zeigen es euch auch.

Montags traf man sie, natürlich, in der Nikolaikirche, manchmal auch bei einem Konzert oder einer Ausstellung in der Michaeliskirche am Nordplatz oder anderswo. Einige hatten Ausreiseanträge laufen, weil sie einfach keine Hoffnung mehr auf Besserung hatten, damals.

Ein Jahr später marschierten sie vorneweg um den Ring, sprachen auf der Tribüne. Jetzt, strahlten sie, bleiben wir!

Einige leben jetzt im Westen der Bundesrepublik. Es fing damit an, sagen sie, daß wir plötzlich auf „unserer" Montagsdemo von rechten Schlägertrupps angegriffen wurden, weil wir gegen den sofortigen Anschluß an die BRD demonstrierten, gegen eine kritiklose Übernahme ihres Systems auch mit seinen Fehlern. Die grölenden Trittbrettfahrer der Revolution drohten mit Prügeln, manchmal drohten sie nicht nur.

Die Freunde, von denen ich rede, waren übrigens von Anfang an dagegen, daß Leipzig sich „Heldenstadt" nannte.

Andere, die ich von früher kenne, kamen zurück nach Jahrzehnten im Westen. Renovieren ihr Haus, das sie nie aufgaben, oder versuchen ihre alte Firma wieder auf die Beine zu stellen. Gründen eine neue. Ich rede nicht von den Gaunern und Neppern, die wie eine Heuschreckenplage über die in freier Marktwirtschaft ungeübten herfielen, sie über den Tisch zogen, daß es schnurbste. Die gehen wieder, wenn sie abgesahnt haben und ehe die Staatsanwaltschaft zugreift. Ich meine die, die bleiben wollen und aufbauen, weil es ja immer noch „ihr" Leipzig ist.

In der Nikolaikirche, Leipzigs ältester, begann mit den „Montagsandachten", was zum Ende der DDR führte.

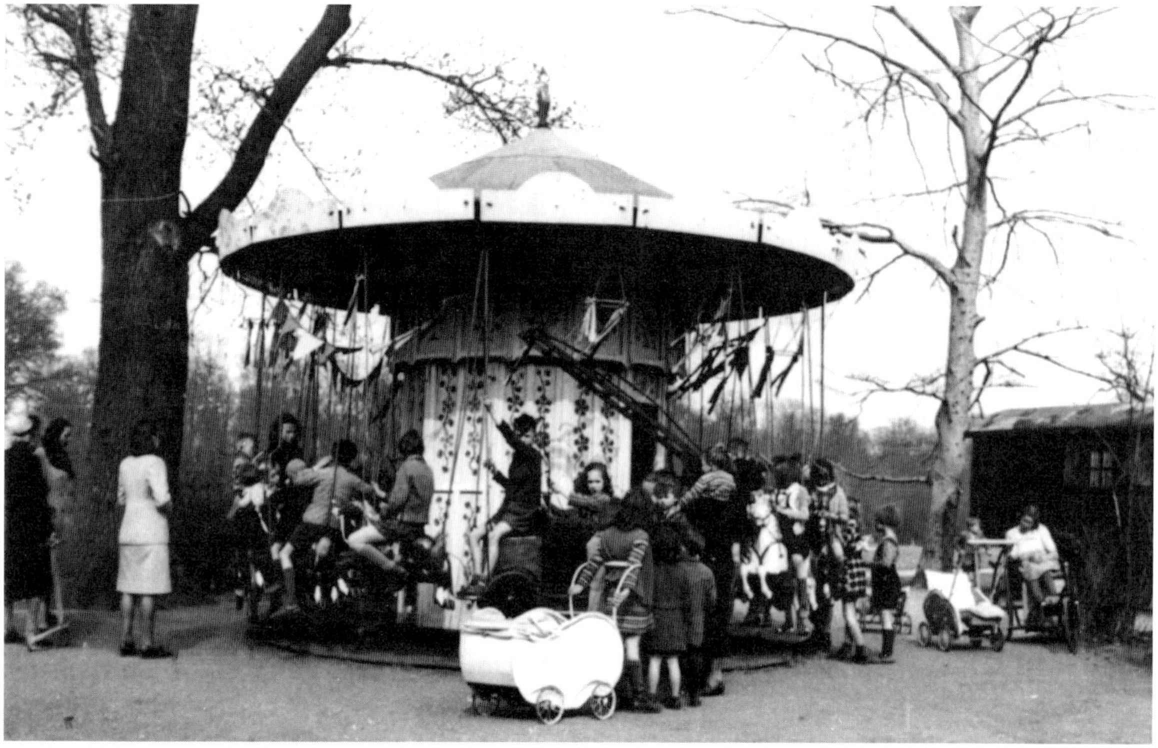

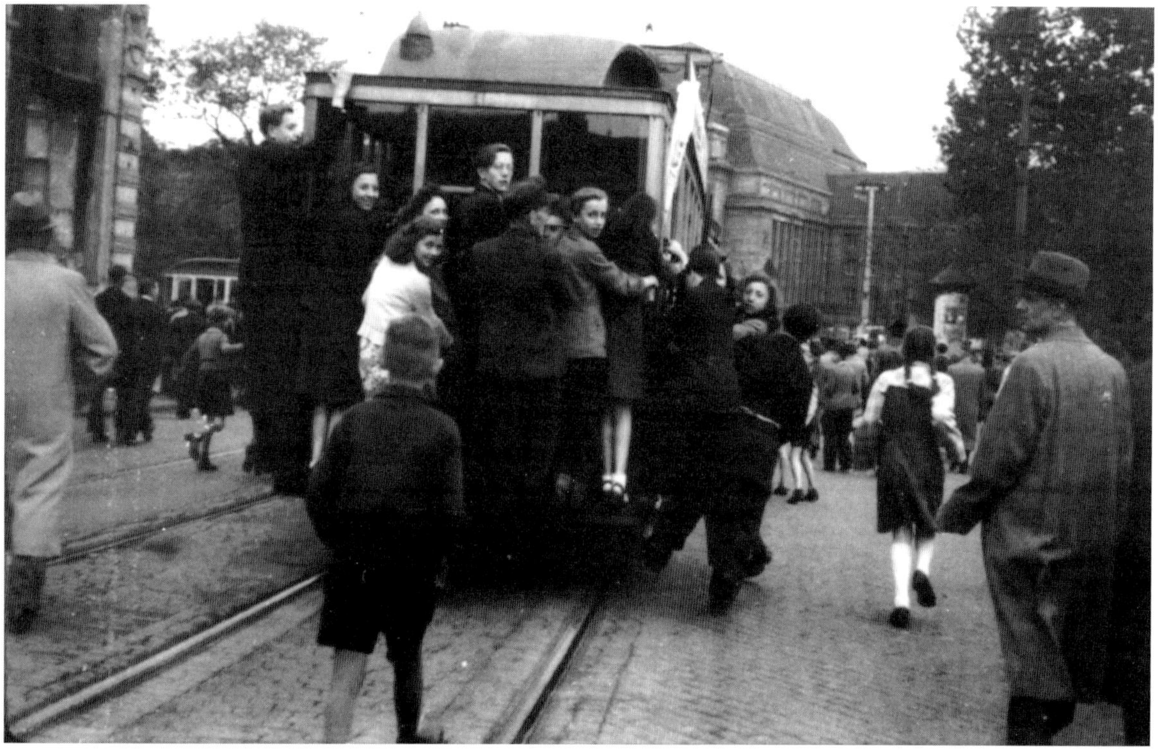

Karl Heinz Mai war damals, nach dem Krieg, vielleicht nicht gerade stadtbekannt, aber ich erinnere mich an ihn. Er hatte als Soldat beide Beine verloren und fuhr mit seinem Krankenfahrstuhl durch Leipzig, um zu fotografieren. Auf seinen Fotos von Kießlings Karussell im Rosental habe ich gesucht, ob ich nicht selbst mit drauf bin. Er fotografierte die Trümmer und die Trümmerbahnen und die Trümmerfrauen. Die Heimkehrer am Hauptbahnhof und die Flüchtlinge in ihren Lagern. Die überfüllten Straßenbahnen. Die Westautos der Messeonkel. Die Läden in den Ruinen. Die Mai-Kundgebungen. Die Transparente. Die Wahlplakate der SED. Das war unser Leipzig, genau das.

Gruss aus Leipzig.
Das neue Reichsgericht
Ludwig Hoffmann Erbauer des Reichsgerichts
Justitia auf der Kuppel des Reichsgerichts
Die grosse Halle.

Leipzig. Zentralbahnhof

Zu Hause habe ich eine recht ansehnliche Sammlung Leipziger Ansichtspostkarten aus der Zeit bis zum Ersten Weltkrieg. (Leider ist sie nicht entfernt vergleichbar mit der Sammlung von Bernd-Lutz Lange.) Die Karten, bunt und schön kitschig, zeigen eine blühende Stadt, die, wie man heute sagen würde, gewaltig boomte. Wenige Karten zeigen die Industrievororte und Arbeiterwohnviertel. Die meisten zeigen Glanz und Gloria: das Neue Rathaus, das Reichsgericht, das Völkerschlachtdenkmal, die Russische Kirche, die Deutsche Bücherei, die Messehäuser, den Hauptbahnhof, und, und, und. Alles in wenigen Jahren entstanden. Leipzig vor dem Ersten Weltkrieg war ein Zentrum des Deutschen Reiches, es war *die* Industriestadt, *das* Handelszentrum, *die* Musikstadt, *das* Verkehrszentrum, und, und, und.

So wird es nicht wieder.

Aber auch nicht so wie auf den Fotos von Karl Heinz Mai.

Wenn ich auf dem Weg zum Kindergottesdienst am Schillerhaus in der Menckestraße vorbeikam, dachte ich stolz: Hier bei uns hat er gewohnt, unser zweitgrößter Dichter! Hineingegangen bin ich aber damals nie. Wahrscheinlich, weil ich für das Eintrittsgeld auch eine Bahnsteigkarte auf dem Hauptbahnhof bekam.

Natürlich war ich inzwischen längst und oft drin. Und ich ärgerte mich von Jahr zu Jahr mehr, daß dieser kleine Höhepunkt deutscher Geistesgeschichte zwischen verlotterten Häusern und weggeworfenen Autos zu finden ist. Am Haus die Plakette sagt, hier schrieb Schiller das „Lied an die Freude".

Dieses Lied, als Schlußchor von Beethovens Neunter, ist um die Welt gegangen. Von Gohlis aus! Natürlich weiß ich, daß das mit Leipzig eigentlich nichts zu tun hat; Schiller hätte sein Lied auch in Wurzen schreiben können.

Und doch: Wenn ich an meine Heimatstadt denke und daran, daß wieder etwas Richtiges aus ihr werden muß, fällt mir manchmal dieses Lied ein. Aus der Menckestraße bei uns in Gohlis.

Das Schillerhäuschen in Gohlis, von wo das „Lied an die Freude" seinen Siegeszug um die Welt antrat.

Dieter Zimmer

wurde 1939 in Leipzig geboren. Er lebte bis 1953 in der Pölitzstraße im Stadtteil Gohlis, wo er auch die Schule besuchte. Seine Leipziger Kindheitserlebnisse hat er in seinem ersten Roman „Für'n Groschen Brause" verarbeitet. Seit 1968 ist Dieter Zimmer als Fernsehjournalist tätig, zunächst beim Südwestfunk Baden-Baden und seit 1972 beim ZDF. Dort ist er Leiter der Redaktion Dokumentationen und Reportagen in der Hauptredaktion Innenpolitik. Bekannt wurde er unter anderem als Studioredakteur der „heute"-Sendung und durch die Wahlberichterstattung des ZDF. Ein erster Film über seine Heimat wurde 1980 im ZDF gesendet: „Mein Leipzig – lob ich's mir?"

Wichtige Veröffentlichungen

Für'n Groschen Brause. Eine liebenswerte Familienchronik aus unliebsamen Zeiten. 1980

Alles in Butter. Eine liebenswert-turbulente Familienchronik aus wirtschaftswunderlichen Zeiten. 1982

Wunder dauern etwas länger. Roman. 1984

Kalifornisches Quartett. Roman. 1987

Das Mädchen vom Alex. Ein deutsch-deutscher Liebesroman. 1989

Mein Leipzig – lob ich's mir? Besuch in einer Heimatstadt. 1984

Wenn der Mensch zum Vater wird. Ein heiter besinnlicher Ratgeber. 1986

Auferstanden aus Ruinen. Von der SBZ zur DDR. 1989

Das Tor. Deutschlands berühmtes Bauwerk in zwei Jahrhunderten. (Co-Autor: C.-L. Paeschke). 1991

In der gleichen Reihe sind erschienen:

Heinrich Albertz
Breslau – Wrocław
mit 43 Farbfotos von Stanisław Krzeminski

Rainer Barzel
Ermland und Masuren
mit 29 Farbfotos von Karl-Heinz Jürgens
und Helfried Weyer und einer Karte.

Maria Beig
Aus Oberschwaben
Paradies vorm Ausverkauf
mit 37 Farbfotos von Rupert Leser und zwei Karten

Günter de Bruyn
Im Spreeland
Zwischen Lübbenau und Berlin
mit 33 Farbfotos von Erhard Pansegrau und einer Karte

Lothar-Günther Buchheim
Sächsische Heimat
Meine Jugend in Chemnitz, Dresden, Rochlitz und im Erzgebirge
mit 34 Farbfotos des Autors und einer Karte

Utta Danella
In Ostholstein
Wasser ist hier überall
mit 40 Farbfotos von Werner Richner

August Everding
Bottrop
mit 37 Farbfotos von Károly Szelényi

Otto Herbert Hajek
Stuttgart
Lebensraum Stadt – und Kunst
mit 40 Farbfotos von Siegfried Himmer

Hilmar Hoffmann
Geschichten aus Oberhausen
mit 40 Farbfotos von Ulrich Teschner

Hanns Dieter Hüsch
Am Niederrhein
Pflaumenkuchen und schlaflose Nächte
mit 30 Farbfotos von Thomas Mayer und einer Karte

Walter Kempowski
In Rostock
mit 40 Farbfotos von Erhard Pansegrau

Christian Graf von Krockow
Pommern – Ein Wiedersehen
mit 34 Farbfotos von Stanisław Krzeminski

Günter Kunert
In Schleswig-Holstein
Zwischen den Meeren
mit 34 Farbfotos von Hans Joachim Kürtz und einer Karte

Hermann Lenz
Im Hohenloher Land
mit 38 Farbfotos von Karlheinz Jardner und einer Karte

Erich Loest
Ein Sachse in Osnabrück
mit 33 Farbfotos von Christian Grovermann und zwei Karten

Lore Lorentz
Düsseldorf
und der Düsseldorfer
mit 37 Farbfotos von Thomas Mayer

Hans Maier
Freiburg
Flucht ins Behagen
mit 43 Farbfotos von Max Galli

Albert Mangelsdorff
Frankfurt am Main
Jazzmusik und grüne Soß
mit 40 Farbfotos von Erhard Pansegrau

Reinhard Mey
Mein Dorf in Berlin
mit 40 Farbfotos von Erhard Pansegrau und einer Karte

Sandra Paretti
Mein Regensburger Welttheater
mit 31 Farbfotos von Jürgen Richter

Luise Rinser
Ort meiner Kindheit: Wessobrunn
mit 30 Farbfotos von Jürgen Richter und einer Karte

Jürgen Scheller
Potsdam
Der Alte Fritz und die neue Zeit
mit 30 Farbfotos von Karl-Heinz Jürgens und drei Karten

Klaus Staeck
Alt-Heidelberg, das meine
mit 44 Farbfotos von Dirk Reinartz

Arno Surminski
Im Herzen von Ostpreußen
mit 34 Farbfotos von Hans Joachim Kürtz und einer Karte

Guntram Vesper
Sächsisches Land
Orte der Erinnerung mit 35 Fotos von Gerhard Hopf und einer Karte

Konstantin Wecker
Wieder dahoam – Wo München mir gehört
mit 39 Farbfotos von Joachim v. Czarnowski

André Weckmann
Elsaß
mit 39 Farbfotos von Werner Richner